El ser

Y SU SOMBRA

Pedro Aguayo Chuk

ola
PUBLISHING
INTERNACIONAL

ISBN: 978-1-63765-076-9

ɥola
PUBLISHING
INTERNACIONAL

Hola Publishing Internacional
www.holapublishing.com

Impreso y encuadernado en los Estados Unidos de América

Dedicó este libro a: Emma, Pablo, Pedro y Ave María Azucena; a mis hermanos: David, Carmen, Guadalupe, Isabel y Filiberto, y a todos mis amigos.

Soy un ser de luces y sombras, gracias por aceptarme, eso soy.

Índice

El ser y la sombra

Quien habla del ser habla de todo, sin importar si se trata de ciencia, lingüística, tecnología, esoterismo, deportes o religión; todo lo que podemos nombrar, es. En cuanto hablamos de lo humano, el ser está también contemplado sin considerar factores como tiempo, edad, creencias, origen, sexo o posición social. Indefinible por naturaleza, el ser es equivalente a Dios en la filosofía cristiana. Todo se significa siendo abstracto o concreto, tanto como lo inasible, sueños e ideas, por ejemplo. Sin embargo, entre aquello que es, hay diferencias abismales; una de ellas es la sombra que proyecta el ser vivo, planta, cosa, animal u hombre (como humanidad, no como género). Ser sombra es pertenecer, depender y motivar la imaginación. Mientras haya una fuente de luz habrá sombra y mientras la vida lo permita, seremos.

Filosofía y poesía se amalgaman en los breves textos de Pedro Aguayo Chuk con las acertadas y a veces inquietantes viñetas del artista plástico Julio Rojas. Aquí, como en todo lo signado por la modernidad, prevalece el principio del "menos es más". Los textos, repito, son breves y, siendo, suscitan cascadas de imágenes y pensamientos, además del recuerdo de magníficas obras de arte.

Muchos poetas dejaron constancia del ser absoluto que es la sombra. Sor Juana en su *Primero sueño* lo enmarca barrocamente:

"Piramidal, funesta, de la tierra nacida sombra, al Cielo encaminaba de vanos obeliscos punta altiva…"

También habla con la sombra del amado indiferente en el soneto:

"Detente sombra de bien esquivo…"

Imposible no haberla mencionado. Pero más me entusiasma, relacionado con el tema, acercar al lector al gran Xavier Villaurrutia y encontrar en fragmentos de su poesía vínculos, quizá crípticos, con el libro del maestro Aguayo.

"Y después, una sombra me acaricia/ como una mano…, otra sombra después/ entrecierra mis ojos la delicia/ y me vuelve a invadir la lobreguez".

¿Acaso existe el infierno para la sombra?

Sí, cuando el ser se interna en lo más oscuro de su alma, se diría que ambos sucumben.

(Yo no quiero)

"La media sombra viste, / móvil, nuestros cuerpos desnudos/ y ya les da brillos de finas maderas/ o, avara, los confunde opacos".

Algunas veces estamos tan solos, ¡tan solos! Que no tenemos ni siquiera una sombra que nos haga compañía.

(Noche)

"Todo lo que la noche/ dibuja con su mano/ de sombra:/ el placer que revela,/ el vicio que desnuda".

… mi sombra es sabia, me sigue en silencio…

(Nocturno)

10

"Y no basta cerrar los ojos en la sombra / ni hundirlos en el sueño para no mirar".

(Nocturno miedo)

"¿Y quién entre las sombras de una calle desierta, / en el muro, lívido espejo de soledad, / no se ha visto pasar o venir a su encuentro / y no ha sentido miedo, angustia, duda mortal?".

(Nocturno miedo)

"Porque el silencio alarga lentas manos de sombra. / La sombra es silenciosa, tanto que no sabemos / dónde empieza o acaba, ni si empieza o acaba."

(Nocturno)

"Me robó mi sombra / la sombra cerrada / Quieto de silencio / oí que mis pasos / pasaban".

(Nocturno sueño)

No mires atrás o te convertirás en la sombra que te sigue.

Se arrastra por la madrugada el fantasma por las calles solitarias, llora por su sombra ausente "Aaaay mi sombra" es el ser solitario, se busca a sí mismo.

…tengo tan poco, pero atrás o adelante siempre estará mi compañera fiel, ¡mi sombra!

Cuando la luz se vaya, cuando la luz acabe, también se irá tu sombra, estarás solo ¡cuando mi luz acabe, seré uno con la luz del Universo!

11

La sombra cautivó a Pedro Aguayo, suya o de otro, no importa; con este libro intenta seducirnos, llevarnos de la mano para demostrar, a su manera, que huir de nuestra sombra es imposible, en la ficción acaso; ¡en el teatro!

Puntual y generoso el autor siembra su semilla en quien quiera aprender. Sus líneas logran ser alicientes y motivo para valorar lo que somos, lo que depende de nosotros; en este caso, nuestra amiga sombra: el ser más democrático que podamos conocer.

Mario Ficachi

*Fragmento

1
En un principio

Un día, en el principio de los tiempos, los humanos descubrimos nuestra sombra acompañados de la luz del Sol o la Luna, aun antes de conocer nuestro propio rostro. Esa sombra que nos acompañaba nos permitió tener consciencia de nuestro propio ser.

2

El niño y su sombra

El bebé se levanta vacilante; torpe intenta su primer paso, luego otro: está caminando. Gira la cabeza, mira hacia atrás y descubre que su sombra quiere huir, pero entonces se le revela que no puede escapar de sí mismo.

3

La pequeña sombra

La sombra que precede nuestros pasos avanza delante y nos recuerda una de las muchas contradicciones con las que llenamos la propia piel. Somos únicos e irrepetibles, pero también un pequeño grano de arena en el inasible universo de sombras.

4

El ser y la nada

Soy el cuerpo de mi sombra, el ser y la nada.

5
Sólo eso

Seres, sombras, sonidos, silencios. Siempre. Sólo eso.

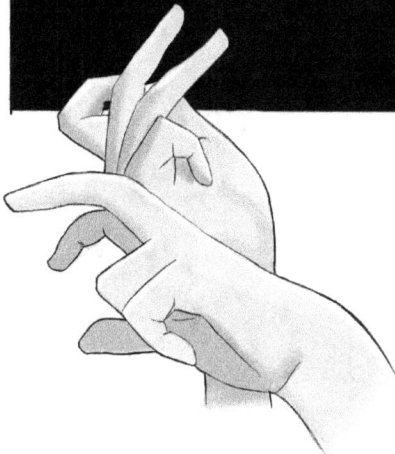

6
El infierno

¿Acaso existe el infierno para la sombra? Cuando el ser se interna en lo más oscuro de su alma se diría que ambos sucumben.

El vacío

Me arrojé al vacío. Caía. El vértigo y el miedo me invadieron placenteramente; miré hacia abajo, busqué el fondo y sólo vi mi sombra delante: gozosa disfrutaba la pesadilla

8

La huella efímera

La sombra es la huella efímera de nuestro paso por la vida, sin su luz desaparece.

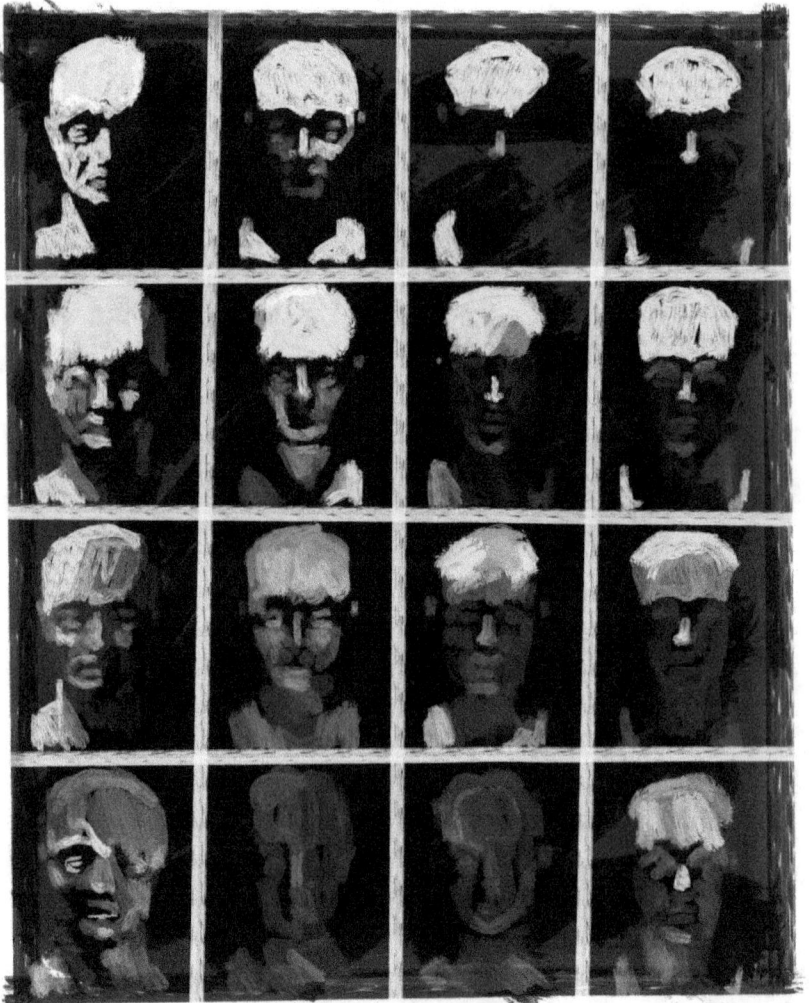

9

La sombra nos iguala

La sombra, como vivir y morir, nos iguala y nos recuerda que el color de la piel no tiene ninguna importancia.

La pareja ideal

La sombra es la pareja ideal, nos sigue sin protestar, silenciosa acepta compartir nuestro destino, se recuesta con nosotros en el ataúd y entonces simplemente nos marchamos.

11
Ni un paso más

Algunas veces mi sombra parece hablarme; me detengo y luego susurra a mi oído: "¡ni un paso más!". Diría que se cansa, que se duele, de mi caminar errático.

El ancla

Mi sombra se detiene, se convierte en ancla en la peor tormenta de mi vida "¡Basta!", me dice. Cavemos aquí la tumba, estoy cansada.

13

La llorona

Se arrastra por la madrugada el fantasma por las calles
solitarias, llora por su sombra ausente… "Aaay mi sombra".
Es el ser solitario, se busca a sí mismo.

14

El niño olvidado

La sombra es la amiga imaginaria del niño que fuimos.
¡Que lástima! Un día olvidamos jugar con ella.

15

Ángel guardián

…y Dios dijo: "¡Cada ser de mi creación tendrá una sombra y ella será su ángel guardián!".

16
No es mi culpa

Somos seres tan torpes que a menudo tropezamos con nuestra propia sombra...y culpamos a los otros.

Somos seres tan torpes que a menudo tropezamos con nuestra propia sombra...y culpamos a los otros.

El encuentro

Ella vino por el Oriente acompañada por el Sol; él llegó del Poniente. Coincidieron en el camino pero siguieron de largo, sólo sus sombras se fundieron en un instante. Así de fugaz es el amor.

18

La ausencia

Su perfume invadía mi mente con placeres imaginados, ahora su sombra perfumada es un recuerdo desolado que se aleja.

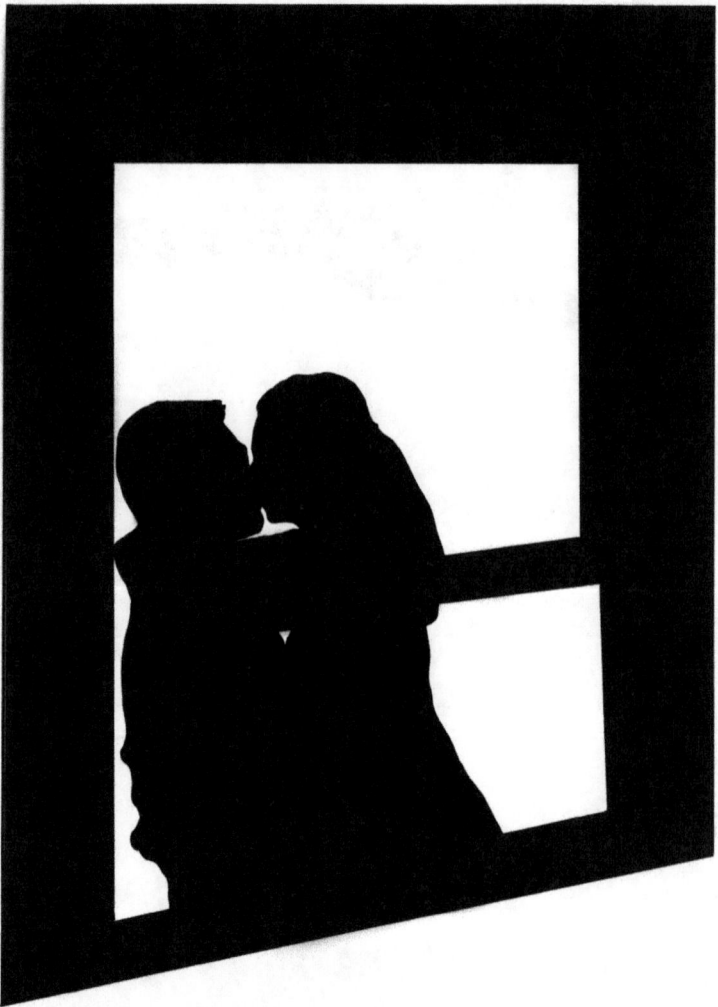

19

El abandono

Cuando me abandonaste, mi sombra me dijo: "Seré tu compañera fiel, estaré contigo aunque no me veas; si tú caes, lo haré contigo; si te levantas, te seguiré; cuando mueras, moriré contigo". ¡Sé que así será!

Sombras nada más

Las sombras no admiten adornos ni belleza, igualan a la
humanidad y obligan a los seres a ser humildes.

La sombra colectiva

Las sombras de los grupos son apenas una masa multiforme que se mueve o se detiene; se agita como un solo ser.

La sombra oscurecida

De pronto una nube viajera cubre el pedazo de la tierra que habitamos: nuestra sombra se esfuma y el alma se agita.

23

La mujer y su lucha

Vigorosa por un camino polvoriento con una vasija en la cabeza camina una mujer precedida por su sombra, el recuerdo doloroso de la lucha cotidiana por la vida.

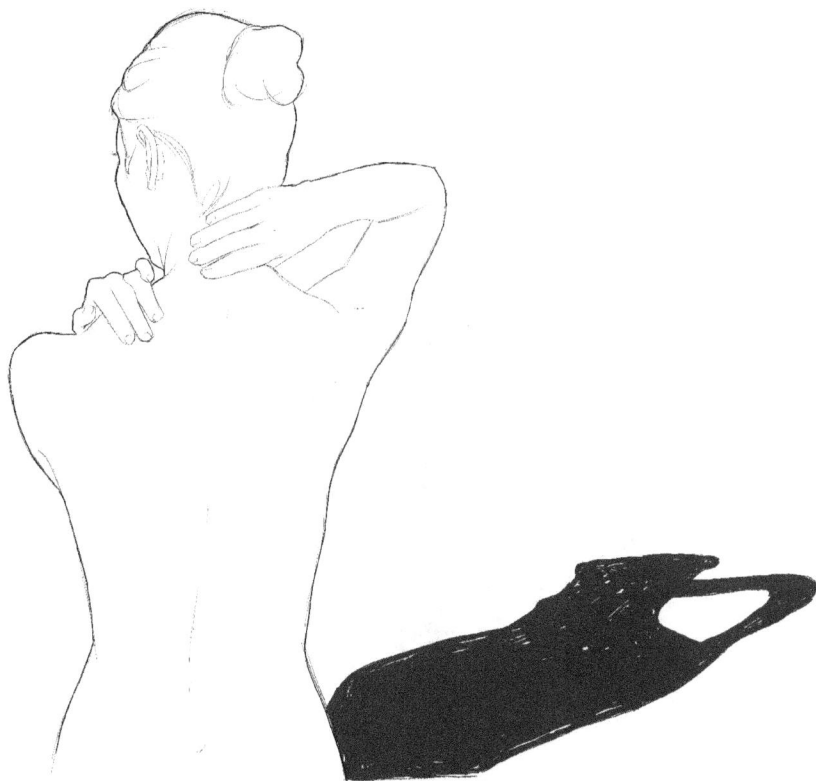

Sombra de la sombra

Están también los que se ocultan en sus propias sombras; qué terrible ser sombra de la sombra, una pura silueta sin vida, oculta en la nada.

Efímeros

Las sombras nos recuerdan lo efímeros que somos; desaparecen cualquier día con nosotros.

Fantasmas

Se diría que los fantasmas son sólo nuestras sombras que de cuando en cuando se extravían, se pierden y vagan por la noche buscando al ser.

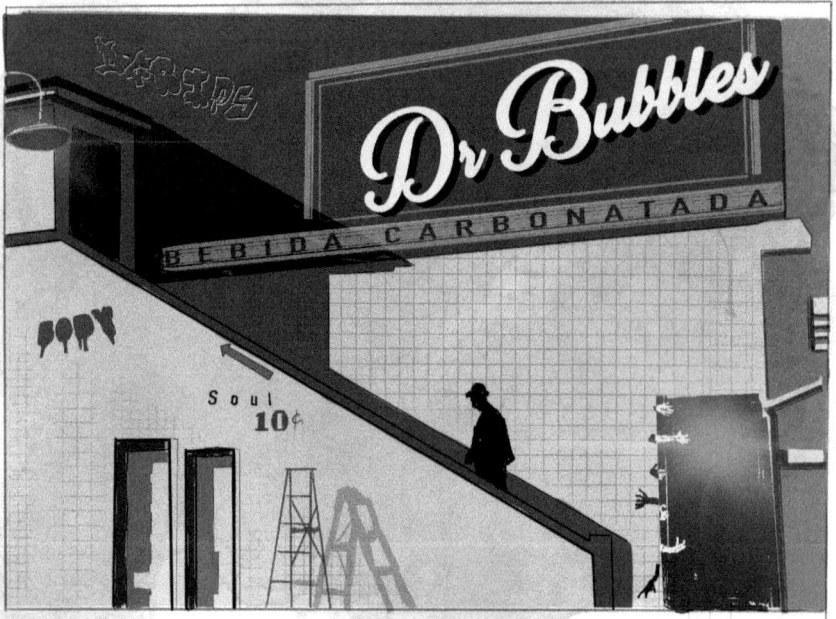

La sombras gigantes pueden asustarte,
las pequeñas pueden parecer insignificantes,
pero todo es cuestión de perspectiva,
es el Sol el que las origina.

Desconfía hasta de tu sombra

Me dijo: "¡Desconfía, desconfía hasta de tu propia sombra!".
¡No! Tengo tan poco, pero atrás o adelante siempre estará
mi compañera fiel: ¡mi sombra!

El perchero

Colgué mi chistera, mi abrigo y mi sombra en el perchero. Ahora vigilan mi sueño.

Sombra y luz

Cuando la luz se vaya, cuando la luz acabe, también se irá tu sombra; estarás solo. ¡Cuando mi luz acabe seré uno con la luz del Universo!

La sombra y la libertad

Pueden encerrar al ser, pero su sombra es inasible.

Juzgar

Quien quiera juzgarme, que habite mi sombra y siga
mis pasos.

Padre de tu sombra

Eres el padre de tu sombra y de tu fama; te acompañan hasta que mueres.

Única compañera

Estaba triste y cabizbajo, de pronto sentí un brazo sobre mi hombro, era mi sombra. Supe que sería mi única compañera fiel.

Eclipses

El planeta que habitamos, la Luna, compañera nocturna, y el Sol, que nos da la vida, de vez en cuando, juguetean con sus sombras y todos miramos asombrados los eclipses; así transcurre la vida en el Universo.

35

Sigue, sigue

Susurra mi sombra: "sigue, ¡sigue!".

Mi sombra es sabia, me sigue en silencio, yo no aprendí
a callar nunca, mi mente tampoco; bulle, burbujea, habla,
grita. Mi sombra silenciosa sólo sigue incansable.

El grito

"Ya tendrás toda la eternidad para el silencio. ¡Ahora grita muy fuerte!", me dice mi sombra.

Basado la antigua fábula de Plinio el Viejo del siglo VII A. C. una joven de Corinto, hija del alfarero Butades de Sición, decidió, antes de que su amante se marchara, esbozar su figura proyectada en la pared a la luz de las velas. Más tarde, el padre aplicó arcilla al dibujo, le dio relieve y así creó la primera imagen pictórica.

Caminaron el uno hacia el otro, se abrazaron con desespera-
ción. Una llama enorme surgió de sus cuerpos sudorosos,
sus sombras hicieron el amor en un instante.

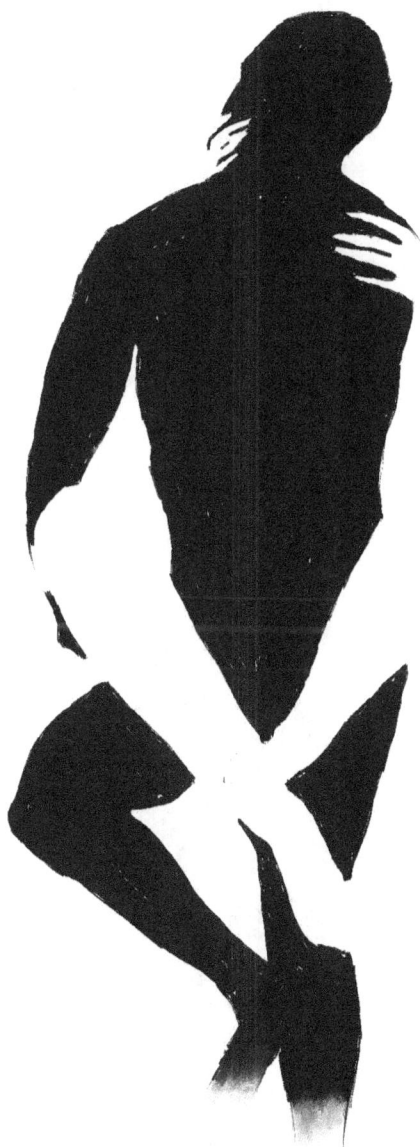

En algún lugar

En algún lugar que ahora no recuerdo, los seres que mueren son puestos, al amanecer, al aire libre frente al Sol para que lo miren por última vez y se reúnan con su sombra. Al medio día son incinerados la sombra y el ser: son uno y se elevan para encontrarse con el astro que les dio vida.

Ataúdes

Creo que las vasijas, los ataúdes y los lugares de entierro
tienen por objetivo impedir que la sombras abandonen al
cuerpo y vaguen como fantasmas.

Solo

Y en el momento más oscuro de mi vida ella también se marchó: mi compañera de toda la vida, mi sombra. Supe entonces que estaba absolutamente solo.

Epílogo

Soy tu sombra, tú la luz

Camina compañero, que yo te seguiré.
Tus logros son los míos,
tus diplomas también.

Soy tu sombra, tú la luz.

Escala, anhela, tropieza, que yo te levantaré,
no importa que no me vean,
yo te rescataré.

Soy tu sombra, tú la luz.

Sombra que pasa furtiva,
sin ruido, sin premios,
firme, dispuesta a estar, simplemente a estar.

Soy tu sombra; tú la luz.

No es un reclamo,
sólo que a veces llega el miedo y quisiera brillar;
ser luz para poder caminar;
buscar lo perdido y poder navegar.

Soy tu sombra, tú la luz.

Pero sé que me necesitas y no podrías brillar,
porque sé algo que casi nadie sabe: tu salud es fatal.

Soy tu sombra, tú la luz.

Luz de mi vida, no te apagues,
pues tu sombra se desvanecerá
para convertirse en luz,
o simplemente desaparecerá.
Soy tu sombra, tú la luz.

Emma Chávez Granados.